Susanne Schaadt

Ausschneiden und Gestalten für Kinder

Deko-Mobiles
für Arbeitsräume und Lernecken

Verlag an der Ruhr

Impressum

Titel:	Ausschneiden und Gestalten für Kinder
	Deko-Mobiles für Arbeitsräume und Lernecken
Autorin:	Susanne Schaadt
Illustrationen:	Susanne Schaadt
Titelbildfoto:	Marion Ott (www.photodesign-ott.de)
Druck:	Druckerei Uwe Nolte, Iserlohn
Verlag:	**Verlag an der Ruhr**

Alexanderstraße 54 – 45472 Mülheim an der Ruhr
Postfach 10 22 51 – 45422 Mülheim an der Ruhr
Tel.: 02 08 / 439 54 50 – Fax: 02 08 / 439 54 239
E-Mail: info@verlagruhr.de
www.verlagruhr.de

© Verlag an der Ruhr 2008
ISBN 978-3-8346-0361-6

Geeignet für Kindergarten und Grundschule

Weitere Titel aus der Reihe „**Ausschneiden und Gestalten für Kinder**":

 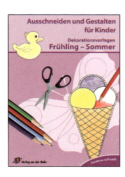  

Dekorationsvorlagen Feste und Feiertage	**Dekorationsvorlagen Frühling – Sommer**	**Dekorationsvorlagen Herbst – Winter**	**Vorlagen für Geburtstagskalender**
Susanne Schaadt	Susanne Schaadt	Susanne Schaadt	Susanne Schaadt
4–7 J., 42 S., A4, Heft, mit vierfarb. Abb.	4–7 J., 41 S., A4, Pb., mit vierfarb. Abb.	4–7 J., 41 S., A4, Heft, mit vierfarb. Abb.	bis 10 J., 41 S., A4, Pb., mit vierfarb. Abb.
ISBN 978-3-8346-0206-0	ISBN 978-3-8346-0108-7	ISBN 978-3-8346-0134-6	ISBN 978-3-8346-0360-9
Best.-Nr. 60206	**Best.-Nr. 60108**	**Best.-Nr. 60134**	**Best.-Nr. 60360**

Die Schreibweise der Texte folgt der neuesten Fassung der Rechtschreibregeln – gültig ab August 2006.

Gedruckt auf chlorfrei gebleichtes Papier.

Alle Vervielfältigungsrechte außerhalb der durch die Gesetzgebung eng gesteckten Grenzen (z.B. für das Fotokopieren) liegen beim Verlag. Der Verlag untersagt ausdrücklich das Speichern und Zur-Verfügung-Stellen dieses Buches oder einzelner Teile davon im Intranet, Internet oder sonstigen elektronischen Medien. Kein Verleih.

Vorwort

Sowohl Sie als Erzieherin oder Lehrerin* als auch die Kinder halten sich viele Stunden am Tag in unterschiedlichen Lern- und Arbeitsräumen im Kindergarten oder in der Schule auf. Sie arbeiten und lernen dort zusammen, verbringen die Pausen und Erholungsphasen miteinander und nehmen gemeinsam Mahlzeiten ein. Zu einer angenehmen Atmosphäre tragen die persönliche Gestaltung und Dekoration der Lern- und Arbeitsräume in großem Maße bei. Eine bei Kindern sehr beliebte und attraktive Dekorationsmöglichkeit sind Mobiles. Sie sind einfach und preiswert herzustellen, leicht in den Räumen anzubringen, und ihre leisen, langsamen Bewegungen wirken beruhigend auf Kinder und beflügeln ihre Fantasie.

Im vorliegenden Buch finden Sie zahlreiche verschiedene Ausschneidevorlagen für Mobiles für den Musikraum, die Mensa, den Werkraum, die Schülerbibliothek und den PC-Raum. Die Kinder kennen die dargestellten Gegenstände, weil sie mit ihnen in den jeweiligen Räumen arbeiten bzw. sich damit beschäftigen.

Das Ausschneiden der Motive fördert die **visuelle** und **taktile Wahrnehmung** sowie die **Feinmotorik**. Das Kind lernt, genau hinzusehen, präzise zu arbeiten und schult somit die **Auge-Hand-Koordination** und sein **Körpergefühl**. Es lernt, sich im **Raum zu orientieren** und **Handlungsabläufe zu planen**. Der Umgang mit der Schere fordert und fördert zugleich **Konzentration** und **Aufmerksamkeit**. Zudem lernt das Kind, durch das Ausschneiden, Ausmalen und Zusammenkleben mit **Geduld** und **Voraussicht** zu arbeiten, denn was abgeschnitten ist, lässt sich nicht so einfach wieder zusammenfügen. Insbesondere das Aufhängen der Motive an Stangen und Stäben bzw. Strohhalmen erfordert **genaues**, **vorsichtiges** Arbeiten und **geduldiges** Ausprobieren, um die richtige Position der einzelnen Mobileteile zu finden.

---

* Aus Gründen der besseren Lesbarkeit haben wir in diesem Buch durchgehend die weibliche Form verwendet. Natürlich sind damit auch immer Männer gemeint, also Erzieher, Pädagogen und Fachanleiter etc.

Durch die unterschiedlichen Schwierigkeitsgrade können die Motive differenziert eingesetzt werden, je nachdem, wie gut das Kind schon mit der Schere umgehen kann. So fordern die großen, einfachen Formen noch nicht so viel Geschicklichkeit und Erfahrung mit der Schere und sind auch für Kinder mit motorischen Problemen gut geeignet. Mit steigendem Schwierigkeitsgrad werden die Motive detailreicher, die Zwischenräume kleiner und die Formen komplexer. Das Ausschneiden dieser Motive erfordert zunehmend mehr Richtungswechsel und Drehungen und damit mehr Aufmerksamkeit und Genauigkeit.

Jedes Motiv ist mit einer **gepunkteten Schnittlinie** als Hilfestellung umgeben. Das Kind sollte beim Schneiden möglichst genau diese Linie treffen. Es hat aber auch die Möglichkeit, zwischen dem Motiv und der Schnittlinie zu schneiden, wenn es noch nicht so exakt arbeiten kann.

S. 19–25

Eine **Vergrößerung** beim Kopieren der Vorlagen ermöglicht, die Größe der Mobiles individuell den Räumen anzupassen, in denen sie aufgehängt werden sollen.

Jedes Motiv ist sowohl im Original als auch seitenverkehrt abgebildet. Die Kinder schneiden jeweils beide Seiten des Motivs aus. Als Arbeitserleichterung gibt es jeweils eine **Faltlinie**. Das Kind muss beim Falten ganz genau die Linie treffen, dann braucht es jedes Motiv nur einmal auszuschneiden. Vor dem Ausschneiden sollte man die beiden Seiten mit ein wenig Klebstoff fixieren, damit die Motive nicht verrutschen.

Vorwort

Nach dem Ausschneiden können die Motive mit Buntstiften, Wachsmalstiften und Wasserfarben ausgemalt werden. Dann werden die beiden Motive zusammengeklebt, wobei zum Aufhängen vorher ein Bindfaden zwischen die beiden Lagen gelegt wird.

Anschließend fertigen die Kinder die Mobiles an. Es können unterschiedliche Materialien als Mobilegrundlage dienen. Die einfachste Version besteht aus einem schön verzweigten Ast. Besonders eignet sich hierfür ein gewundener Zweig des Korkenzieherhaselstrauches, an den dann die ausgeschnittenen und angemalten Motive an Bindfäden aufgehängt werden.

Auch ein altes Rad eines Fahrrades bietet mit seinen zahlreichen Speichen eine gute Aufhängungsmöglichkeit für eine große Zahl von Mobileteilen.

Etwas aufwändiger in der Anfertigung sind das Stangen- und das Strohhalm-Mobile. Die ausführlichen Bauanleitungen finden Sie auf Seite 7.

Die einzelnen Vorlagen bieten aber noch mehr Verwendungsmöglichkeiten. Fädelt man die einzelnen Motive zum Beispiel auf eine Schnur, kann man sie als **Girlande** durch den Raum spannen.
Die Motive können auch als **Fensterdekoration** genutzt werden oder als **Wandschmuck** dienen. Dafür müssen die Motive jedoch nicht zusammengeklebt werden. Es genügt, sie nur auf einer Seite zu bemalen. Eine **Bildergalerie** mit weiteren Anregungen finden Sie am Ende des Buches auf Seite 41.

Sicherlich gibt es noch viele weitere Gestaltungsmöglichkeiten mit den Mobilemotiven. Ihrer Kreativität und der Kreativität und Fantasie der Kinder sind keine Grenzen gesetzt.

Ich wünsche Ihnen und vor allem den Kindern viel Freude beim Ausschneiden, Malen und Gestalten.

Susanne Schaadt

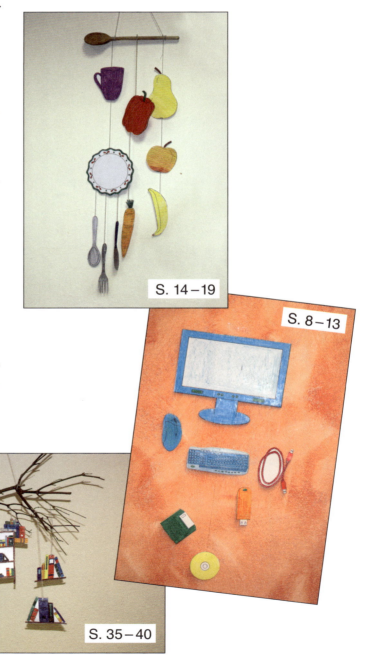

S. 14–19

S. 8–13

S. 35–40

Anleitungen zur Herstellung der Mobiles

Das Bogen-Mobile

Als Bogen eignen sich stabile Strohhalme, kleine Rundstäbe aus Holz oder Peddigrohrstangen mit einem Durchmesser von 2–3 mm. Entweder wird der Aufhängefaden mit etwas Klebstoff am Ende der Bogen festgeklebt, oder man kneift vorsichtig mit einer Zange am Ende der Stangen kleine Rillen, in die dann die Aufhängefäden eingehängt werden. Die Bogen können auch aus stabilem Draht geschnitten werden. An den Enden des Drahtes biegt man am besten mit einer Rundzange kleine Ösen, um dort die Fäden zu befestigen.

Die Anzahl und auch die Länge der Bogen sind variabel. Der oberste Bogen sollte immer wesentlich länger sein als die darunter hängenden. Gute Ergebnisse erzielt man zum Beispiel dann, wenn der erste Bogen zwischen 30 und 40 cm lang ist. Die Bogen der nächsten Lage sind etwa halb so lang, die Bogen der folgenden Lage sind wiederum halb so lang wie die Bogen der darüber liegenden Lage usw.

Zuerst befestigt man in der Mitte des obersten Bogens einen festen Bindfaden, an dem das Mobile später unter der Zimmerdecke aufgehängt wird. Alle anderen Bogen und Mobilefiguren werden mit genügend langen Fäden versehen, die zunächst nur provisorisch leicht verknotet werden. Zum Zusammensetzen des Mobiles hält am besten ein Kind den ersten Bogen an dem Bindfaden so in die Höhe, dass alle weiteren Bogen gut daran befestigt werden können. Nun werden nach und nach alle anderen Bogen aufgehängt (vgl. Zeichnung).

Durch die Kürzung oder Verlängerung der einzelnen Fäden wird das Mobile ins Gleichgewicht gebracht. Wenn das Mobile schön in der Waage hängt, was etwas Geduld erfordert, können alle Fäden endgültig festgezogen bzw. festgeklebt werden. Das Mobile ist nun fertig zum Aufhängen in der Klasse oder im Gruppenraum.

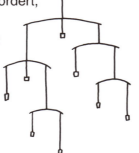

Das Strohhalm-Mobile

Das Strohhalm-Mobile ist eine schöne Alternative zum Bogen-Mobile und eignet sich besonders für die jüngeren Kinder, da hier das Austarieren und Aufhängen der einzelnen Bogen entfällt. Für dieses Mobile benötigt man zwölf gleich lange Kunststoff-Strohhalme ohne Knick, einen stabilen, dünnen, mindestens 4 m langen Faden und eine Stopfnadel. Nun werden drei Strohhalme zu einem gleichseitigen Dreieck auf dem Tisch zusammengelegt. Die Nadel mit dem Faden wird durch den 1. Strohhalm geführt, dann durch den 2. und 3. Strohhalm. Danach werden die Fadenenden zusammengeknotet. Es muss dabei ein langer Teil des Fadens übrigbleiben, denn daran wird noch mehr aufgefädelt. Nun wird der Faden mit der Nadel abermals durch den 1. Strohhalm geführt und dann durch ein zweites Strohhalmdreieck. Dieser Vorgang wiederholt sich beim 3. und 4. Strohhalmdreieck.

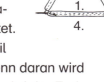

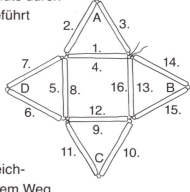

Die Zahlen in der Zeichnung entsprechen dem Weg des Fadens. Zum Schluss werden Anfang und Ende des Fadens miteinander verknotet. Zur Fertigstellung des Mobiles werden die gegenüberliegenden Dreiecke A und C an ihren Spitzen nach oben gebogen und mit einem Faden verbunden. Die Dreiecke B und D werden nach unten gebogen und ebenfalls in den Spitzen miteinander verbunden.

Nachdem ein Bindfaden an der Spitze des Mobiles befestigt worden ist, kann das Mobile aufgehängt und mit den einzelnen Mobilefiguren bestückt werden.

Computer

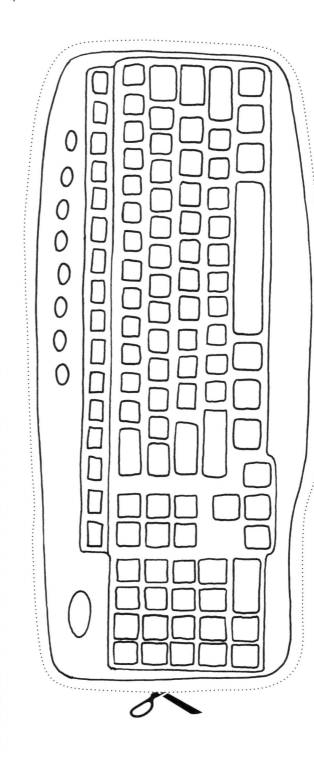

Computer

Ausschneiden und Gestalten für Kinder
Deko-Mobiles für Arbeitsräume und Lernecken

Computer

10 Ausschneiden und Gestalten für Kinder
Deko-Mobiles für Arbeitsräume und Lernecken

Computer

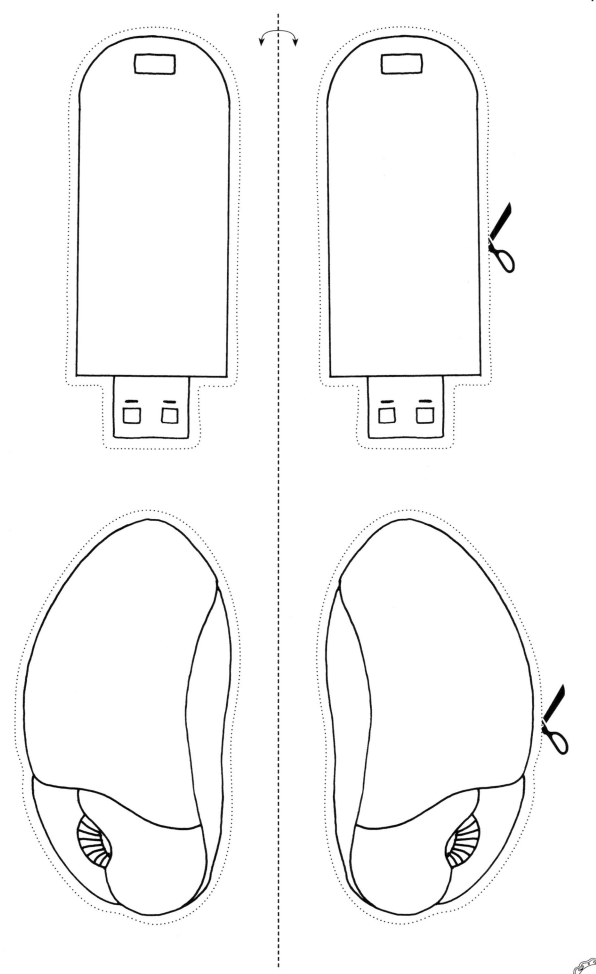

Computer

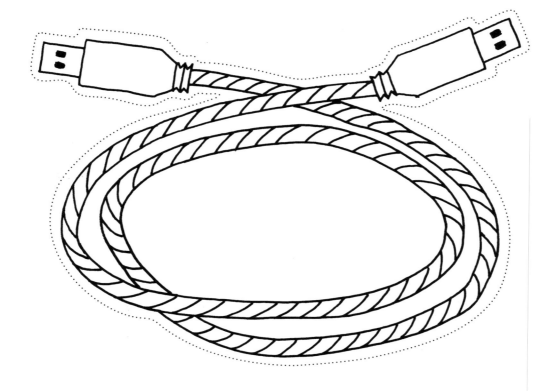

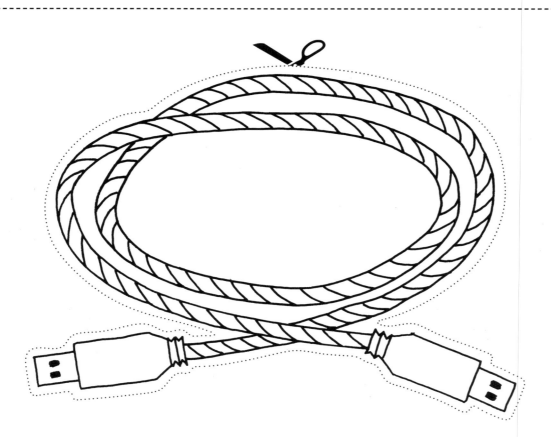

Computer

Ausschneiden und Gestalten für Kinder
Deko-Mobiles für Arbeitsräume und Lernecken

13

Essen & Trinken

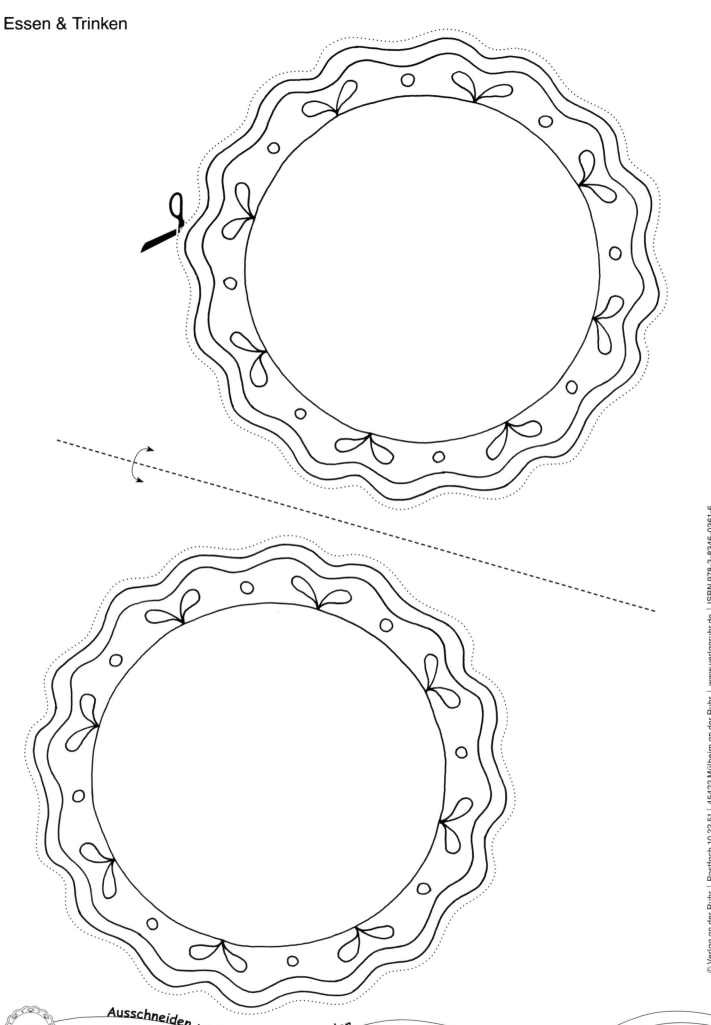

Essen & Trinken

Ausschneiden und Gestalten für Kinder
Deko-Mobiles für Arbeitsräume und Lernecken

15

Essen & Trinken

16
Ausschneiden und Gestalten für Kinder
Deko-Mobiles für Arbeitsräume und Lernecken

Essen & Trinken

Ausschneiden und Gestalten für Kinder
Deko-Mobiles für Arbeitsräume und Lernecken

17

Essen & Trinken

18

Ausschneiden und Gestalten für Kinder
Deko-Mobiles für Arbeitsräume und Lernecken

© Verlag an der Ruhr | Postfach 10 22 51 | 45422 Mülheim an der Ruhr | www.verlagruhr.de | ISBN 978-3-8346-0361-6

Essen & Trinken

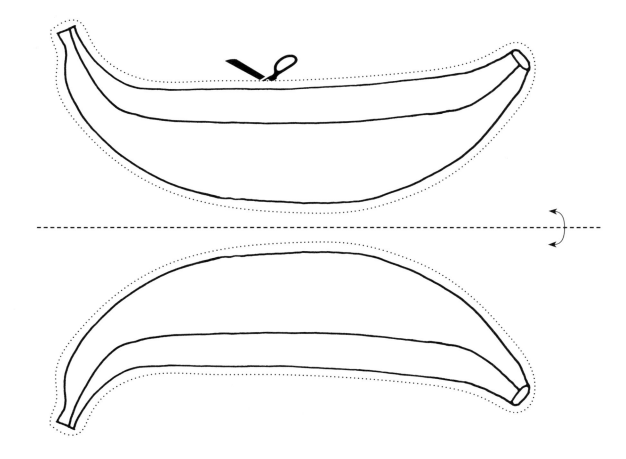

Musik

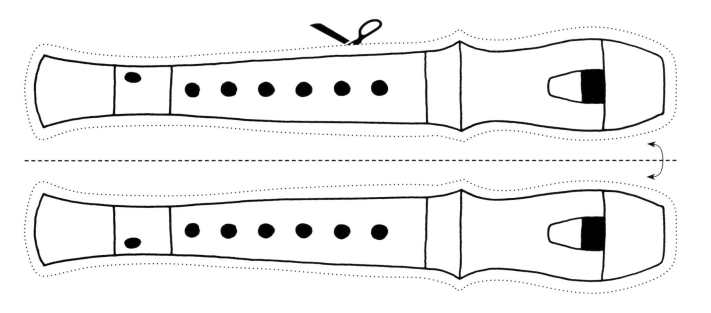

Musik

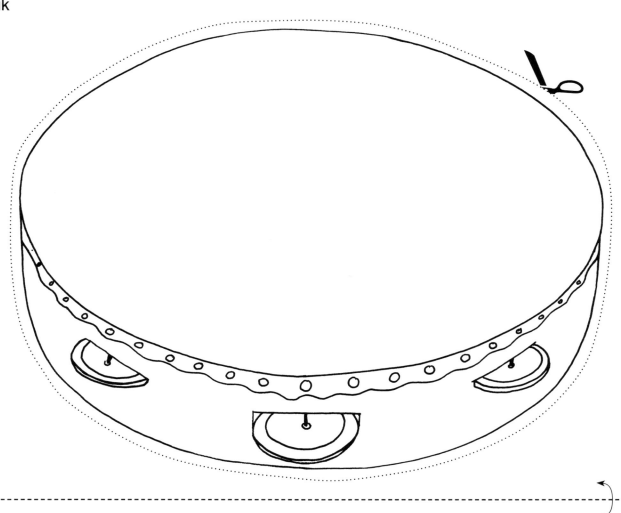

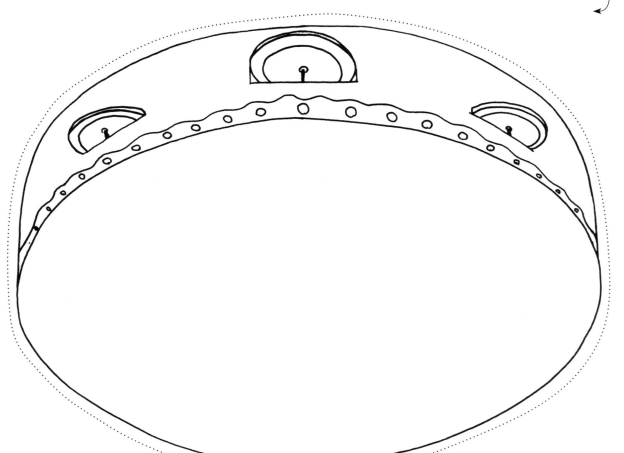

Musik

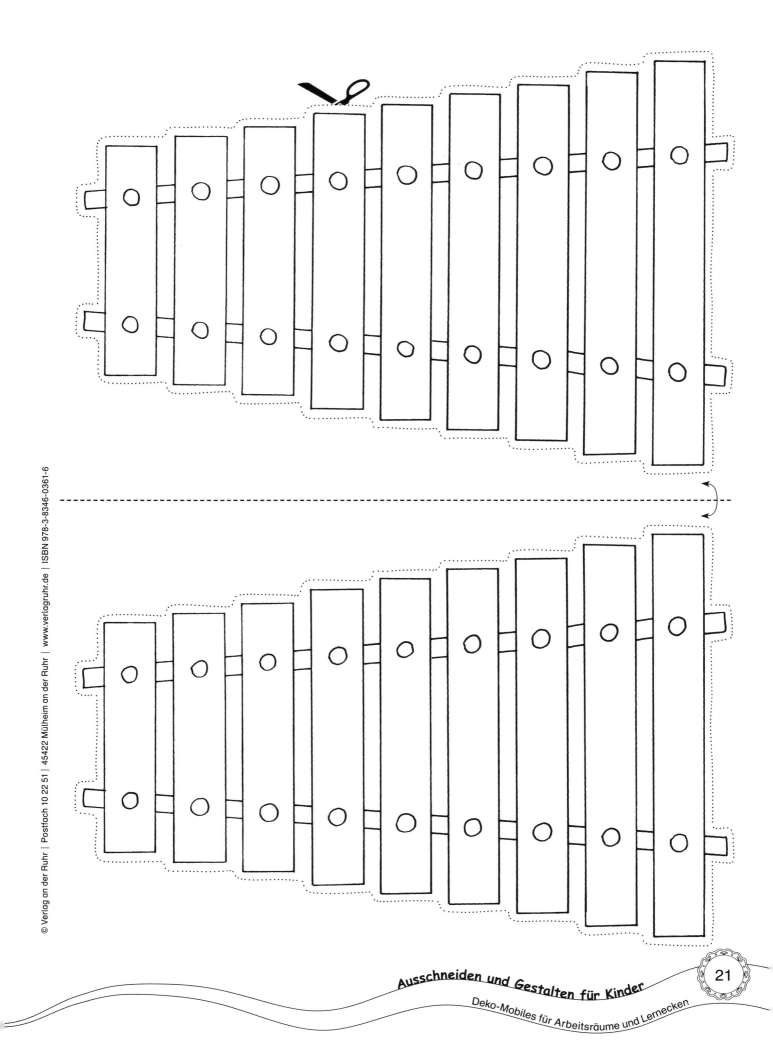

Musik

Musik

Ausschneiden und Gestalten für Kinder
Deko-Mobiles für Arbeitsräume und Lernecken

23

Musik

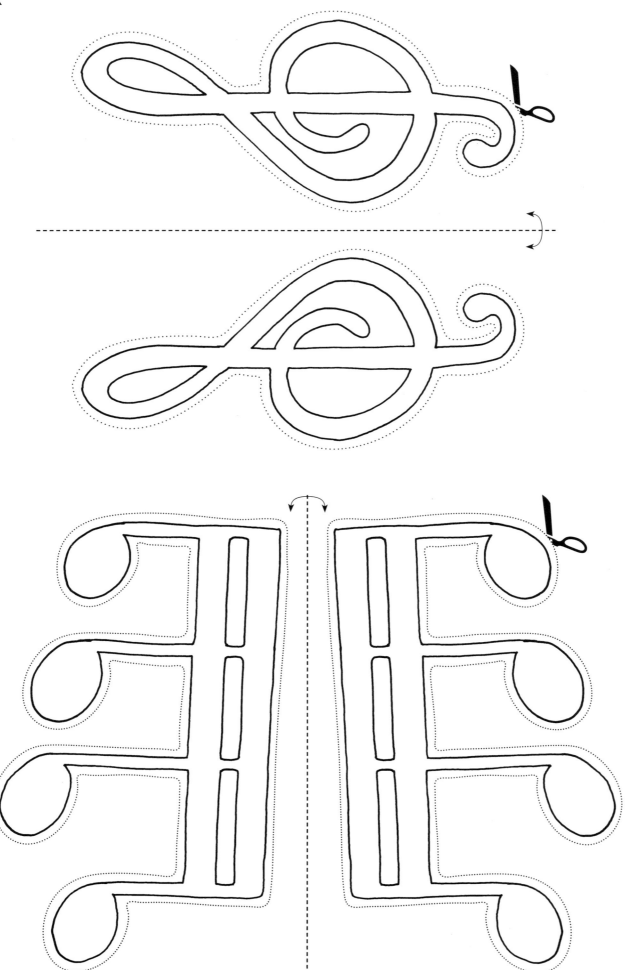

Musik

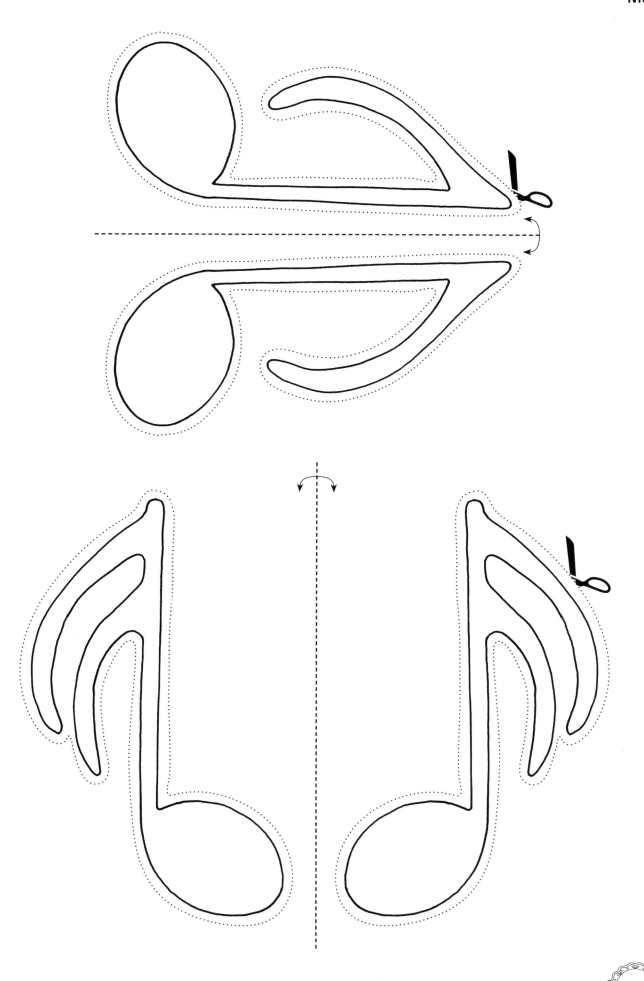

Werken

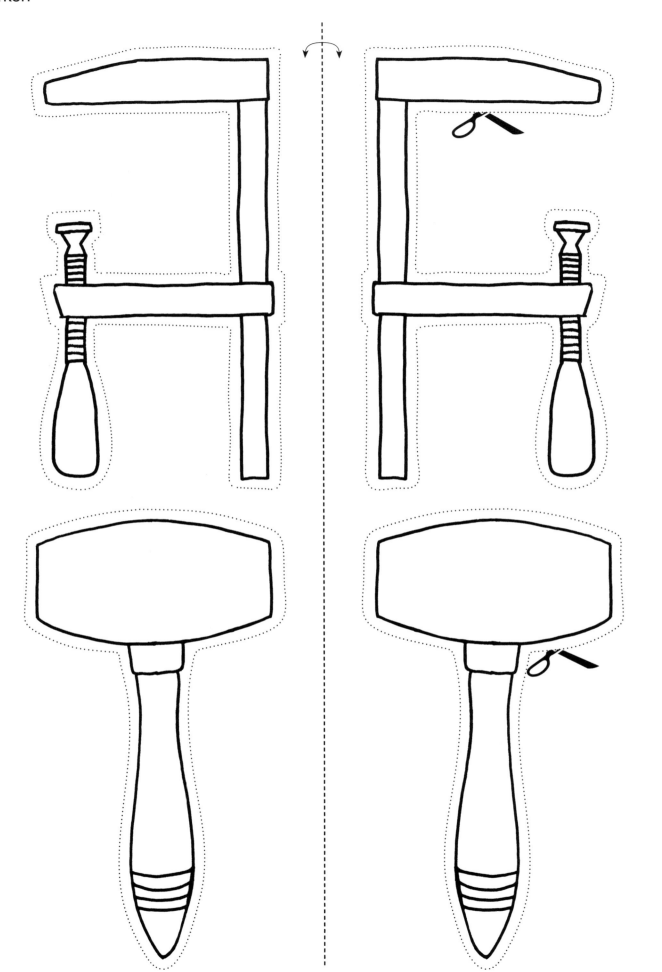

Werken

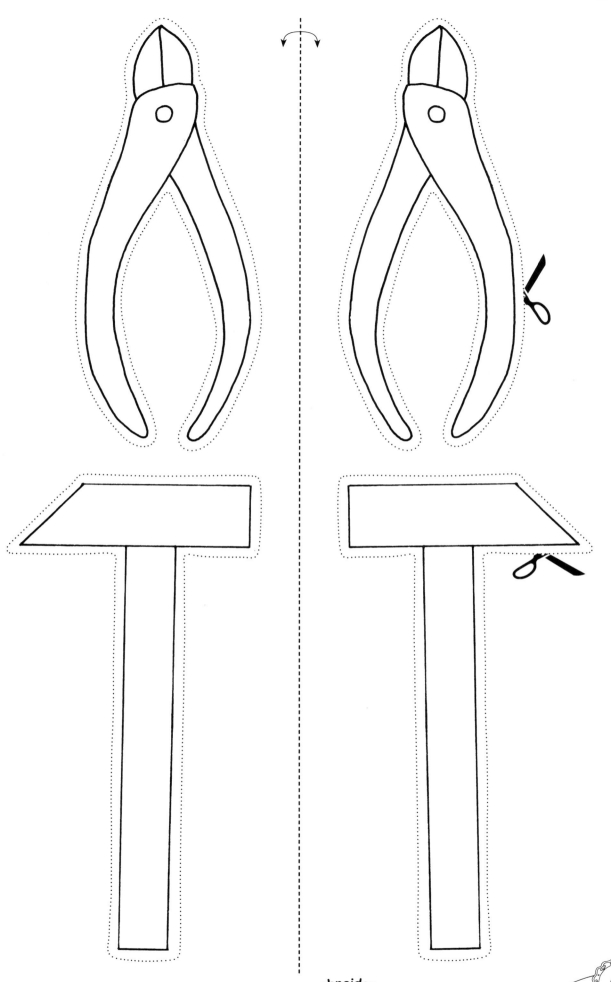

Werken

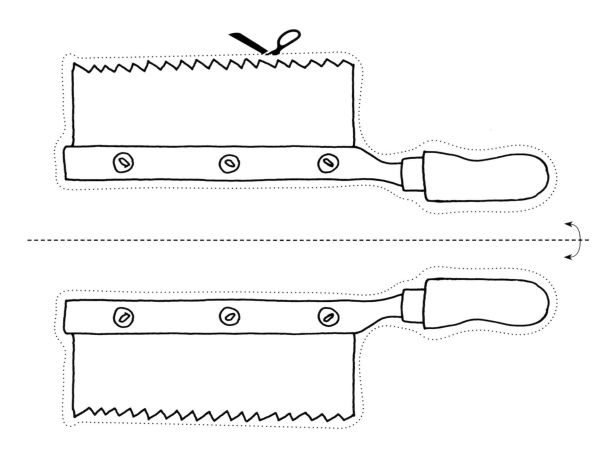

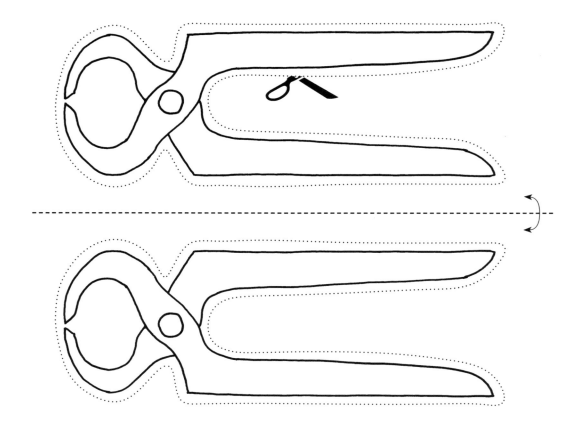

Werken

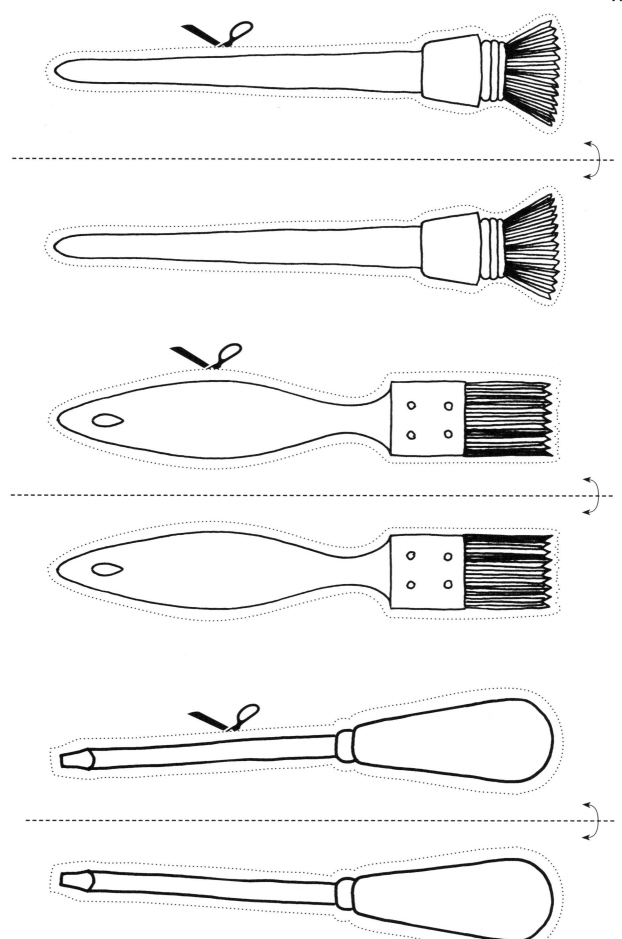

Werken

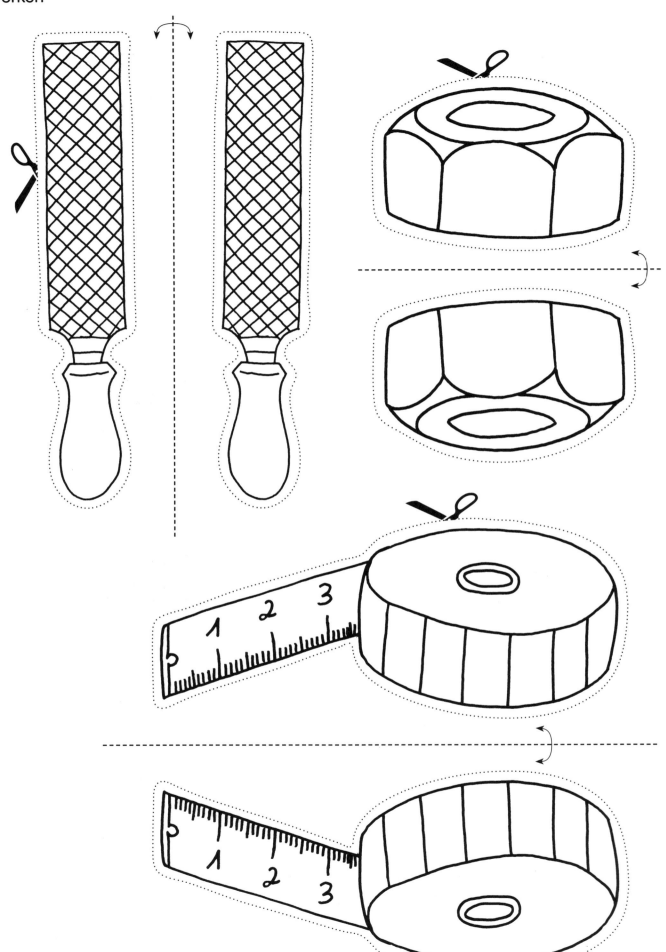

Werken

Ausschneiden und Gestalten für Kinder
Deko-Mobiles für Arbeitsräume und Lernecken

31

Werken

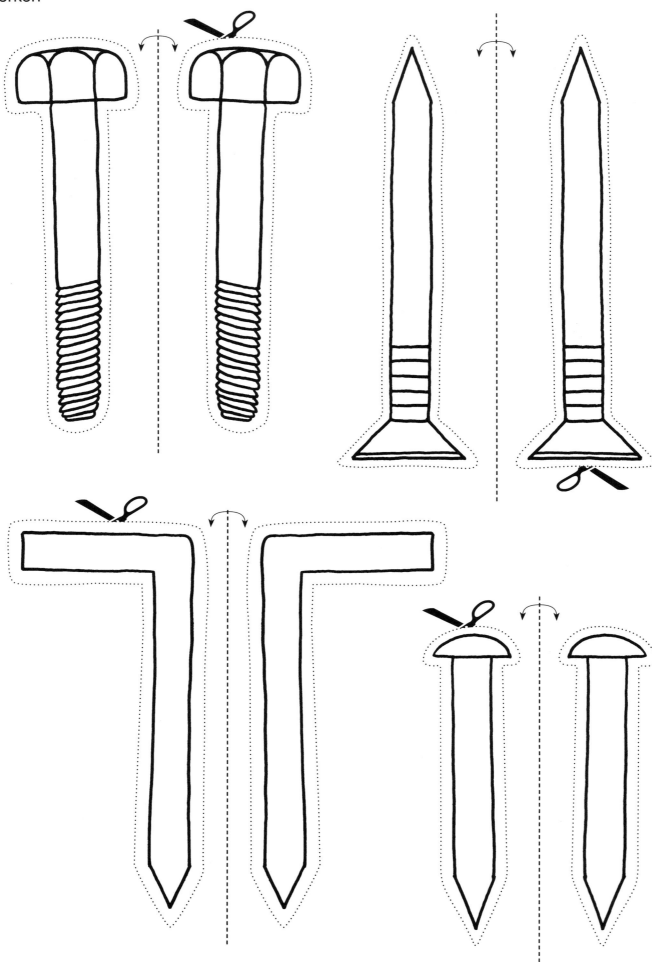

Werken · Bücher

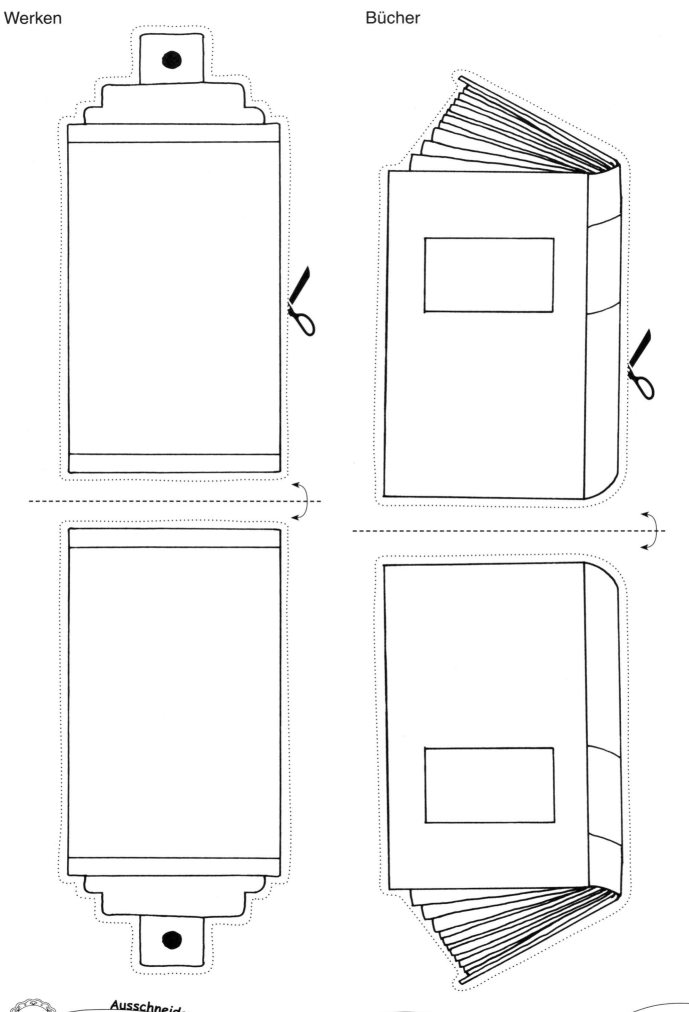

Bücher

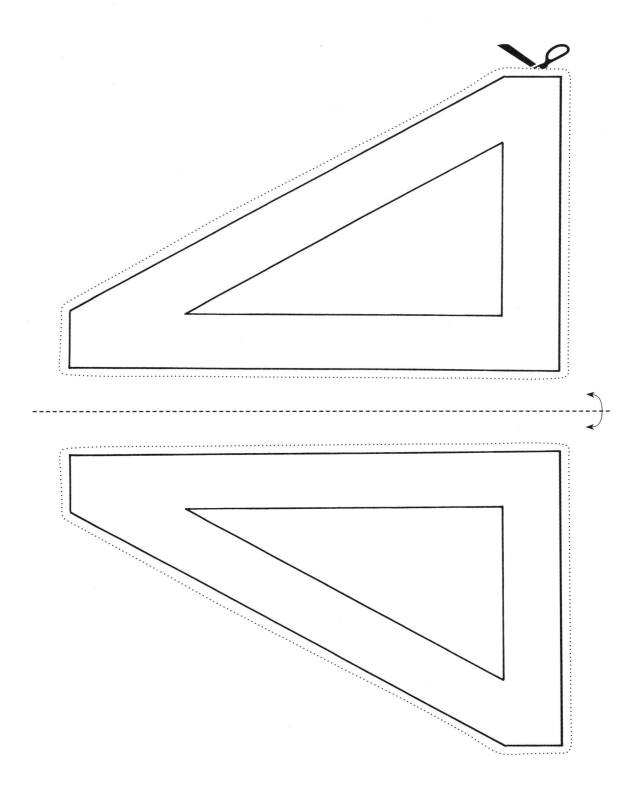

Bücher

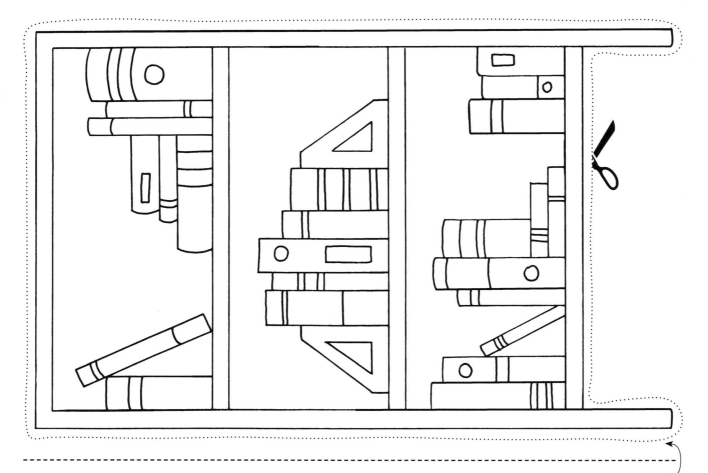

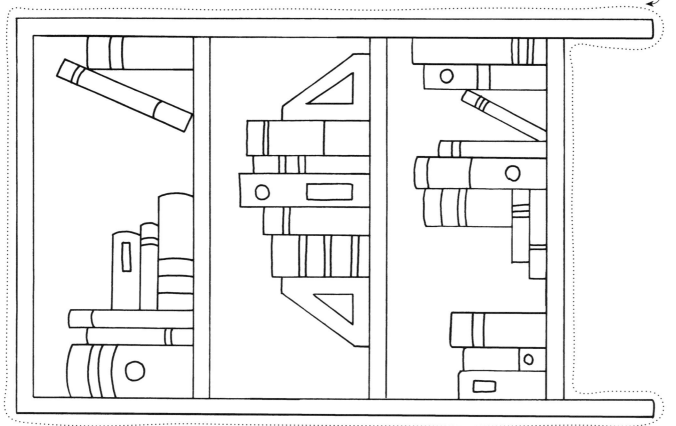

Bücher

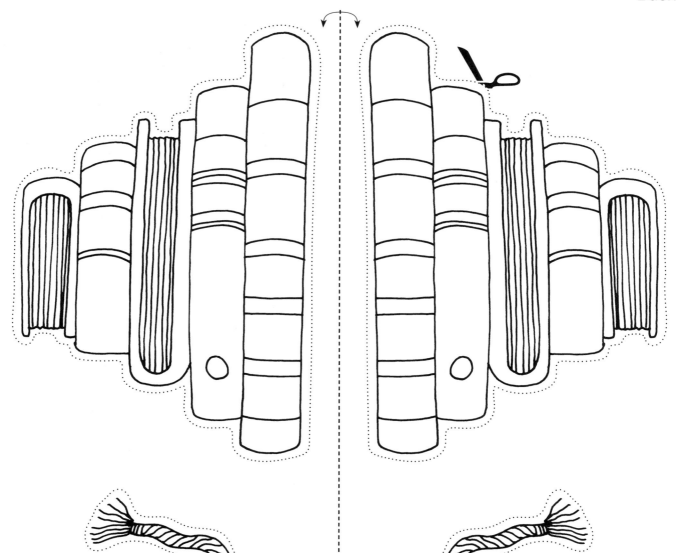

Bücher

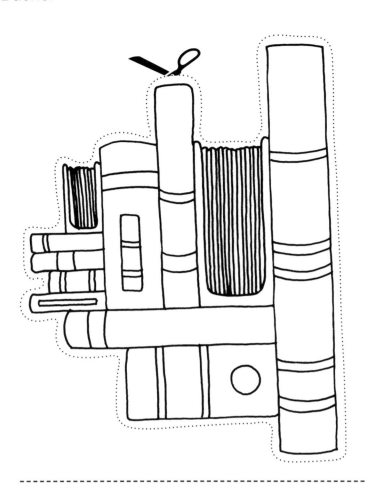
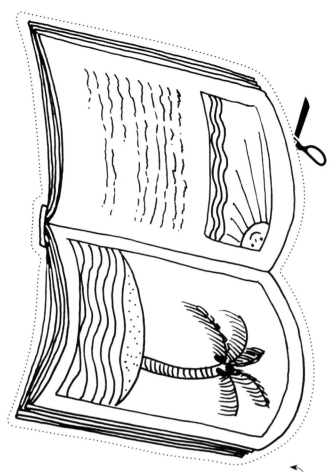
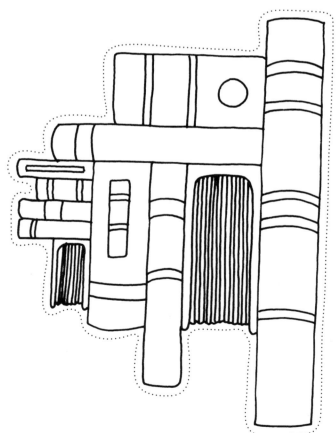
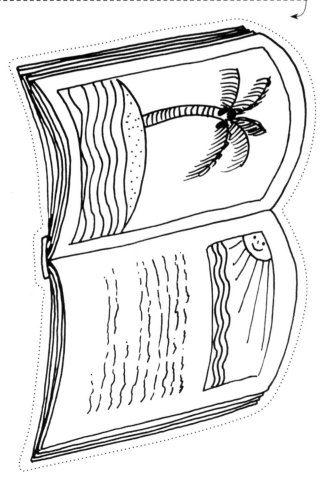

Bücher

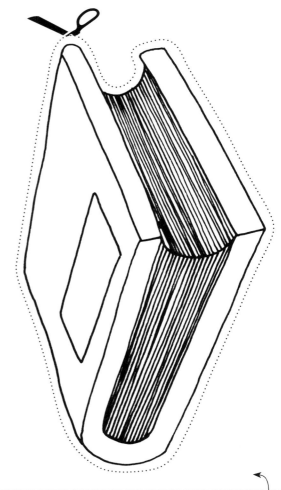
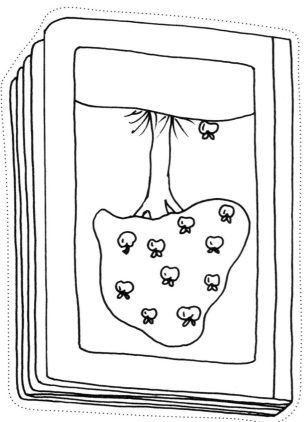
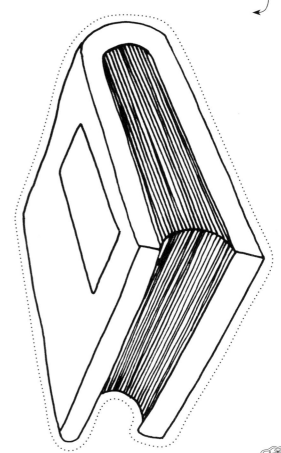

Bücher

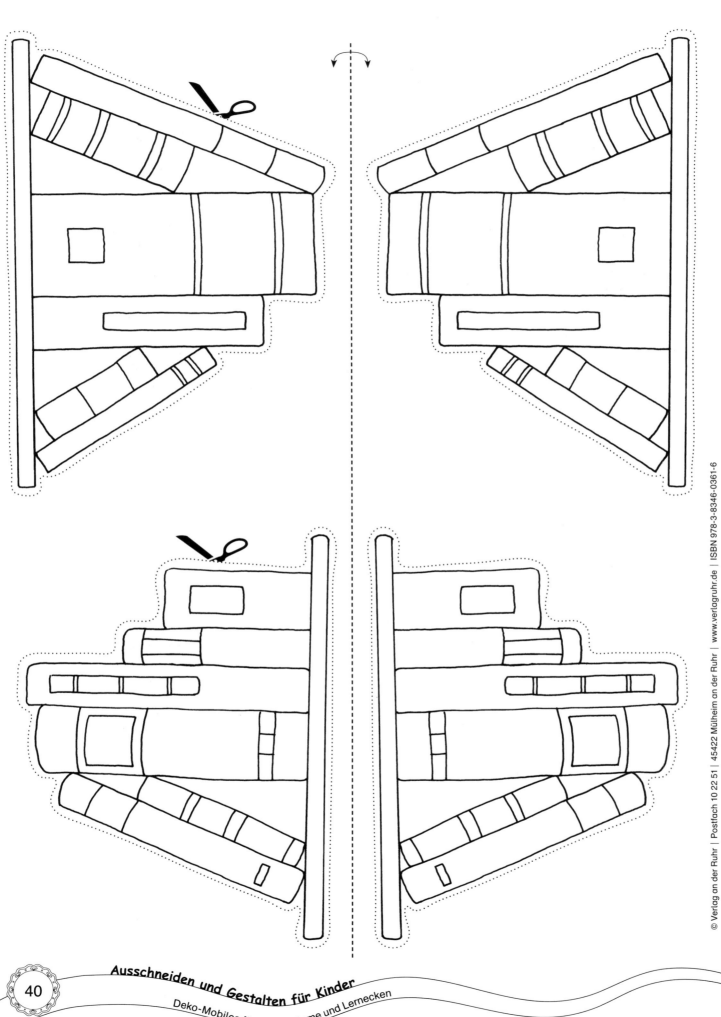

Literatur

Für Entspannung und Konzentration

Heiss, Renée:
Feng Shui im Klassenraum.
Ordnung, Klarheit, Konzentration.
Klasse 3–8. Verlag an der Ruhr, 2005.
ISBN 978-3-8346-0020-2

Meoli-Meier, Brita:
40 handgezeichnete Mandalas.
Klasse 1–4. Verlag an der Ruhr, 2006.
ISBN 978-3-8346-0146-9

Proßowsky, Petra:
Kinder entspannen mit Yoga.
Von der kleinen Übung zum kompletten Kurs.
5–10 Jahre. Verlag an der Ruhr, 2007.
ISBN 978-3-8346-0291-6

Schneider, M.; Schneider, R.; Wolters, D.:
Bewegen und Entspannen im Jahreskreis.
Rhythmisierungen, Bewegung und Ausgleich
in Kindergarten und Unterricht.
3–10 Jahre. Verlag an der Ruhr, 1998.
ISBN 978-3-86072-244-2

Schneider, M.; Schneider, R.; Wolters, D.:
Bewegen und Entspannen mit Musik.
Rhythmisierungen, Bewegung und Ausgleich
in Kindergarten und Unterricht.
3–10 Jahre. Verlag an der Ruhr, 1998.
ISBN 978-3-86072-150-6

Stücke, Uta:
Konzentrationstraining im 1. und 2. Schuljahr.
Verlag an der Ruhr, 1999.
ISBN 978-3-86072-442-2

Stücke, Uta:
Konzentrationstraining im 3. und 4. Schuljahr.
Verlag an der Ruhr, 2000.
ISBN 978-3-86072-442-7

Mit Kindern kreativ gestalten

Auracher, Silvia:
Töpfern mit Grundschulkindern.
Klasse 1–4. Verlag an der Ruhr, 2005.
ISBN 978-3-86072-966-3

Boston, Lisa:
Singen, spielen, kreativ sein rund um Tiere.
33 Kurzprojekte für 4- bis 6-Jährige.
4–6 Jahre. Verlag an der Ruhr, 2007.
ISBN 978-3-8346-0241-1

Choinski, Sabine; Krümmel, Gabriele:
Filzen mit Grundschulkindern.
Klasse 1–4. Verlag an der Ruhr, 2005.
ISBN 978-38346-0004-2

Jahns, Astrid:
Alles über Farben. Eine Werkstatt.
Klasse 1–4. Verlag an der Ruhr, 2006.
ISBN 978-3-8346-0085-1

Kohl, MaryAnn F.:
Malen wie die Moderne.
Kinder entdecken moderne Künstler
durch ihre Techniken.
Klasse 2–6. Verlag an der Ruhr, 2003.
ISBN 978-3-86072-799-7

Schubert, Barbara:
Blaues Pferd und grüne Kuh.
Eine Franz-Marc-Werkstatt.
Klasse 1–3. Verlag an der Ruhr, 2000.
ISBN 978-3-86072-484-2

Morgenthau, Lena:
Vorlagen für Zahlen und Buchstaben.
Ausschneiden und Gestalten für Kinder.
4–7 Jahre. Verlag an der Ruhr, 2007.
ISBN 978-3-8346-0312-8

Schaadt, Susanne:
Fensterbild-Mandalas.
Ausschneiden und Gestalten für Kinder.
4–7 Jahre. Verlag an der Ruhr, 2007.
ISBN 978-3-8346-0267-1